세계 시민 수업

식량 불평등

세계 시민 수업 ③

식량 불평등

남아도는 식량, 굶주리는 사람들

박병상 글 | 권문희 그림

차례

수업을 시작하며 6

01 왜 수많은 사람들이 굶주리나요?
5초에 한 명이 굶어 죽는다! 12
가난한 나라는 왜 가난해졌을까요? 15
굶주림의 원인은 무엇일까요? 21
꼬마 시민 카페 비만과의 전쟁, 기아와의 전쟁 24

02 유전자 조작 싫어요! 토종 씨앗 지켜요!
빚에 시달린 인도 농부 28
유전자 조작 농산물, 과연 괜찮을까요? 32
한 가지 씨앗만 심으면 위험해요! 35
꼬마 시민 카페 다양성을 지켜요 38

03 농사짓기 편해지는 게 문제라고요?
석유 없이는 농사를 지을 수가 없다고요? 42
농사짓는 게 달라졌다고요? 47
꼬마 시민 카페 석유를 줄이려면? 52

04 고통받는 동물들이 너무 많다고요?
동물은 먹고 사람은 굶고　56
가축들도 스트레스가 쌓여요　59
그토록 어린 나이에 죽다니　63
꼬마 시민 카페　가축이 내뿜는 온실가스　66

05 식품 회사의 영업 비밀
한 달 동안 햄버거만 먹는다면?　70
기업의 이익을 위해서라면　75
꼬마 시민 카페　식품 첨가물이 왜 나쁠까요?　80

06 더불어 평등한 세상을 위하여
식량이 무기가 될 수 있다고요?　84
유기 농업이 희망이다　87
제철 제고장 농산물을 먹어요　90
고기를 어느 정도 먹어야 적당할까요?　92
가난한 나라의 어린이를 도와요　94
꼬마 시민 카페　농약, 화학 비료는 얼마나 나쁠까요?　98

수업을 마치며　100

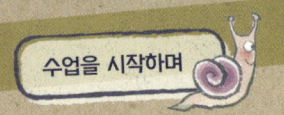

식량의 나비 효과

2010년 러시아에는 극심한 가뭄이 이어졌습니다. 게다가 걷잡을 수 없는 산불까지 발생했어요. 거대한 불은 러시아의 드넓은 밀밭을 잿더미로 만들고 말았어요. 러시아는 세계에서 두 번째로 밀을 많이 수출하는 나라예요. 하지만 2010년 가뭄과 산불로 밀 생산량이 급격히 줄자 러시아의 총리 푸틴은 밀 수출을 금지한다고 발표했어요.

그러자 어떤 일이 일어났을까요? 러시아는 괜찮았지만, 러시아에서 밀을 수입해 왔던 아프리카의 여러 나라에서는 주식인 밀을 구할 수 없어서 큰일이 났습니다. 밀 가격이 오르며 밀과 관련된 것들의 가격도 올랐어요. 물가가 치솟고 사회가 불안해졌지요.

피라미드로 유명한 나라 이집트도 밀로 만든 빵을 주식으로 먹어요. 밀 소비량의 절반을 러시아로부터 수입해 왔고요. 러시아로부터 더 이상 밀을 수입할 수 없게 되자 밀이 부족해지면서 빵 값이 많이 올랐어요. 주식인 빵 값이 오르니 다른 물건 값도 덩달아 뛰어올랐고요. 이렇게 식량 가격이 치솟으니 가난한 사람들은 굶주려야 했지요.

특히 여자와 어린아이, 노인들이 많이 굶어 죽게 되었어요.

사람들은 더 이상 참을 수 없었어요. 원래 이집트는 식량을 자급자족했고, 밀을 수출까지 하는 나라였어요. 그런데 독재 정권이 지속되면서 사람들의 삶이 어려워졌고, 밀을 수입해야만 하는 지경에 이른 것이지요. 결국 분노한 국민들이 혁명을 일으켜 2011년에 30년 독재 정권이 무너졌어요.

이때 이집트뿐 아니라 튀니지, 리비아, 알제리와 같은 아프리카 여러 나라에서 독재 정권에 맞서는 시위가 벌어졌어요. 러시아에서 일어난 가뭄과 산불로 러시아와 멀리 떨어진 아프리카에서 식량 문제가 발생했고, 반정부 시위까지 벌어진 거예요. '나비 효과'인 것이지요.

나비 효과는 중국 북경에 있는 작은 나비의 날갯짓이 미국 뉴욕에 태풍을 일으킬 수 있다는 이론이에요. 미국의 기상학자 로렌즈가 사용한 용어로, 사소한 변화가 생각지도 못한 곳에 막대한 영향을 미칠 수 있음을 뜻해요. 지금과 같은 세계화 시대에서는 지구촌 한구석의

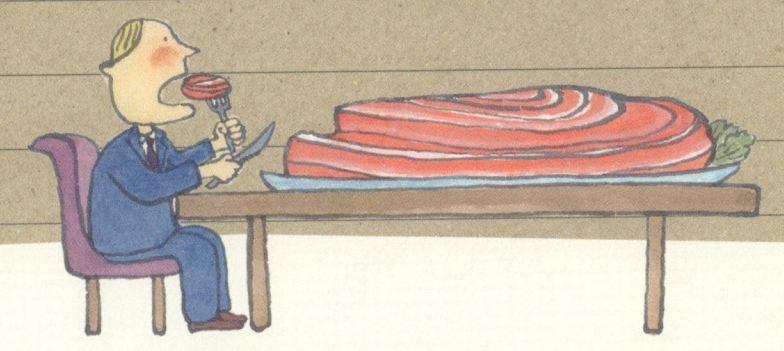

　작은 사건 하나가 전 세계에 엄청난 변화를 일으킬 수 있어요.

　식량 문제도 한 나라의 문제가 아니라 전 세계가 연결된 문제입니다. 고기를 좋아하는 사람들이 많지요? 요즘 고기는 어린 가축을 희생시켜 얻는데, 그런 가축을 키우려면 사료가 많이 필요해요. 그런데 그 사료는 사람도 먹을 수 있는 식량으로 만들었어요. 가축이 먹는 식량이 따로 있는 게 아니라는 거죠. 부자 나라의 고기 소비가 늘수록 가난한 나라에서는 굶주리는 사람들이 늘어납니다. 우리가 고기를 적게 먹으면 아프리카에서 굶고 있는 어린이들이 따뜻한 한 끼 식사를 할 수 있을지도 몰라요. 우리도 '나비 효과'를 일으켜 봐요.

　지금은 식량 자체가 부족하기보다 공평한 분배가 이뤄지지 않는 게 더 큰 문제예요. 지구 한쪽에서는 식량이 남아돌고, 다른 한쪽에서는 식량이 모자라 사람들이 굶주리니까요. 슬프게도 사람들이 더 많이 가지려고 욕심을 부리는 한 식량 불평등은 앞으로도 계속될 수밖에 없을 거예요.

　그런데 많은 학자들이 머지않아 세계의 식량이 부족해질 것으로 예상한대요. 지구 온난화로 지구가 점점 뜨거워지면서 농작물 생산량이 세계적으로 크게 줄어들기 시작했어요. 생산량이 부족해질수록 식량은 가격이 오릅니다. 농사지을 땅이 부족하고 식량을 살 돈마저 부족한 나라의 가난한 집부터 굶주릴 거예요.

　안심하고 먹을 식량이 부족해질 때 우리는 불안해집니다. 안심하고 먹을 식량을 확보하려면 우리는 어떤 준비를 해야 할까요?

왜 수많은 사람들이 굶주리나요?

아프리카나 북한, 시리아와 같은 나라에서
식량이 부족해 주민들이 굶주린다는 뉴스를 본 적이 있지요?
농업 기술이 획기적으로 발전한 현대에도 여전히 식량이 부족한 걸까요?
그렇지 않아요. 지구 상에서 생산되는 식량은
전 세계 인구 74억 명이 먹기에 충분한 양입니다.
하지만 10억 명이 굶주림으로 고통받고,
5초에 한 명씩 아이들이 굶어 죽어요.
이런 참혹한 일이 왜 벌어지는 걸까요?

5초에 한 명이 굶어 죽는다!

여기는 아프리카 수단의 난민촌입니다. 구호 식량을 배급하는 곳에 아이들이 줄을 길게 서 있어요. 아이들은 오랫동안 차례를 기다려 수프 한 국자를 받아요. 땅바닥에 주저앉아 순식간에 허겁지겁 수프를 먹어 치우지요.

아이들의 입 주위에 파리들이 들러붙습니다. 며칠 동안 굶주린 아이들은 파리를 쫓을 기운조차 없어요. 온몸을 축 늘어뜨린 채 가만히 앉아 있습니다. 그런데 아이들의 배가 볼록 나와 있네요. 오랜만에 실컷 먹었기 때문일까요? 아니에요. 하도 먹지 못해서 근육이 약해졌고, 영양이 모자란 몸에 차오르는 물이 배를 볼록하게 만든 것입니다.

영양이 늘 부족했던 어머니가 아이를 낳아요. 이 아이에게 충분한 음식을 먹이지 못하면 성장이 매우 늦어지지요. 아이는 여러 가지 질병에 시달리다가 세상을 떠

나기 쉬워요. 설사 살아남더라도 몸무게와 키가 우리나라 어린이의 절반에도 미치지 못합니다. 쑥 들어간 눈은 허공을 바라보고 앙상한 팔다리는 걷는 것조차 불편하게 만들지요.

세계적으로 5초에 한 명, 주로 어린이가 굶주려 죽습니다. 믿을 수가 있나요? 음식이 모자라서, 배고파서 죽게 되다니요?

부자 나라에서는 많은 음식을 버립니다. 음식물 쓰레기 처리 문제로 골치를 앓지요. 우리도 음식을 많이 남깁니다. 뷔페식당에 가면 먹을 만큼만 담아 오면 좋을 텐데, 수북이 가져와서 남기는 경우가 종종 있지요. 엄마가 해 주는 채소 요리가 먹기 싫다고 남기기도 하고요. 가난을 경험했던
할아버지, 할머니들은 음식을 버리는 걸 질색하시지만, 우리는 별다른 죄책감 없이 쉽게 남깁니다. 억지로 먹으면 소화가 안 될 수도 있고, 살만 찐다고 생각하지요.

우리나라에서 1년 동안 버려지는 음식물 쓰레기는 약 500만 톤이에요. 우리나라 전체 음식물의 7분의 1이 음식물 쓰레기로 배출되고 있다고 해요. 음식물 쓰레기가 이렇게 많으니 처리하는 비용도 많이 들겠죠? 1년에 무려 9천 억 원 이상이 든대요.

비만을 걱정하고, 음식물 쓰레기를 걱정하는 수많은 나라들이 있는데, 왜 어떤 나라의 국민들은 굶어 죽는 걸까요? 우선 그 나라에서 국민들이 먹을 식량을 충분히 생산하지 못하기 때문이라고 생각할 수 있겠죠. 그런데 우리나라도 생산량이 모자라기는 마찬가지예요. 국민

이 먹는 식량의 겨우 4분의 1만 생산됩니다. 부족한 4분의 3은 돈을 주고 수입해 오는 거죠.

그렇다면 굶주리는 나라들은 식량을 수입해 올 돈이 없을 만큼 가난하기 때문이겠네요. 왜 그 나라들은 가난할까요? 원래부터 가난했을까요? 지금부터 그 이유를 찬찬히 알아보아요.

가난한 나라는 왜 가난해졌을까요?

아프리카나 일부 아시아 지역 남쪽에 굶주리는 사람들이 많은 나라가 모여 있습니다. 그런 나라들은 숲이 발달돼 있는 경우가 많아요. 열대 지방의 숲은 울울창창하고, 수많은 동물과 식물이 어우러져 살아요. 아주 풍요로워 보이지요. 하지만 농사짓기에는 적당하지 않아요. 땅에 영양분이 부족해서 농작물이 잘 생산되지 않는답니다.

그곳에 사는 사람들은 숲에서 영양가 있는 열매를 따 먹고, 사냥을 하며 살아왔어요. 본격적으로 곡식을 재배하지는 않았지만, 숲을 조

그렇게 불태운 자리에서 농사도 지었습니다. 이런 걸 '화전'이라고 해요. 풀과 나무를 불살라 버리고 그 자리에 밭을 만들어 농사를 지으면 영양분이 없는 땅에서도 몇 해 동안 농작물이 잘 자랐거든요. 열대 지

방 사람들은 울창한 숲에서 열매를 따 먹고, 사냥을 하고, 조그맣게 농사를 짓기도 하며 평화롭게 잘 살았습니다.

  그러던 어느 날, 힘센 나라에서 무기를 들고 쳐들어와 이 나라를 식민지로 삼아 버렸어요. 우리나라도 70여 년 전에 일본의 식민지로 살았던 적이 있잖아요. 모든 걸 다 빼앗긴 식민지 백성의 삶은 아주 비참하답니다. 힘센 나라 사람들은 드넓은 숲의 나무들을 베어 내고, 그 자리에 밭을 만들었어요. 그곳에 자신들이 먹는 커피나 카카오, 식용

유의 재료인 팜과 같은 농작물을 끝도 보이지 않게 심었지요. 농사가 잘 안 되는 땅인데 어떻게 농작물을 심었느냐고요? 영양분이 부족한 땅이라도 화학 비료를 충분히 주면 농작물이 잘 자라요. 잡초를 제거하는 제초제도 흠뻑 뿌리고요. 해충이 다가오지 못하게 살충제도 마구 뿌렸답니다. 땅은 점점 나빠지겠지만, 힘센 나라 사람들은 아랑곳하지 않았어요. 숲을 빼앗긴 이 나라 사람들은 이제 먹을거리가 부족

하게 되었어요. 많은 사람들이 굶주리고, 더욱 가난해졌어요. 드넓은 밭에 농부로 취직이라도 할 수 있으면 좋으련만, 이 밭은 농부가 별로 필요하지 않아요. 석유를 넣으면 움직이는 농기계로 농사를 짓거든요. 마치 공장처럼 같은 농작물을 심고 기계로 농사

를 짓기에 흔히 '공장식 농업'이라고 하지요. 사냥하던 숲은 없어지고, 일자리는 늘어나지 않으니 이곳 사람들은 더욱 힘든 삶을 살았어요.

굶주림의 원인은 무엇일까요?

그런데 말이에요, 이제는 식민지에서 벗어났잖아요. 빼앗긴 땅도 되찾았을 텐데 왜 아직도 가난한지 이해가 안 되지요? 땅을 소수의 사람들이 독차지했기 때문이에요. 이 사람들은 힘센 나라 사람들을 도왔던 나쁜 사람들이에요. 아무리 식민지라 해도 큰 농장을 차지하려면 그 지역 사람들의 도움이 필요해요. 자기 나라 사람들을 탄압하는 힘센 나라 사람들을 도우며 권력을 얻은 사람들이 땅을 독차지한 채 자기들만 잘살고 있는 거죠.

나머지 국민들은 굶주리고 있는 거고요.

그뿐이 아니에요. 유럽이 아프리카 대부분의 땅을 식민지로 지배했을 때, 유럽의 농장주는 수출용 작물인 면화, 코코아, 커피, 사탕수수 같은 걸 재배했어요. 그들은 아프리카 농장주에게도 이런 작물을 재배하라고 강요했지요. 인도에서도 마찬가지였어요. 영국은 식민지 인도 사람들에게 영국에 유리한 작물만 심게 했어요. 쌀이나 보리처럼 인도 사람들이 먹을 주식이 아니라 해외 시장에 내다 팔기 위해 재배하는 '환금 작물'의 재배만을 강요했지요. 면화가 대표적이었어요. 영국은 인도로부터 헐값에 면화를 사들여 영국 내에서 면

직물을 만들고, 그것을 인도에 비싼 값에 되팔았답니다.

　이러한 수출용 작물은 식민지였던 나라들이 가난에서 벗어나는 데 도움이 되지 않아요. 여기저기에서 환금 작물을 재배하니 국제 가격이 떨어질 수밖에 없기 때문이에요. 애써서 재배한 환금 작물을 팔아 얼마 안 되는 돈을 받고, 그 돈으로 비싼 식량을 사서 먹어야 하는 처지에 빠지니 당연히 굶주릴 수밖에 없겠지요? 결국 수많은 사람들의 굶주림은 자기 나라의 이익을 위해 식민지 정책을 펼친 나라들 때문이라고 할 수 있겠네요.

　물론 굶주림의 원인은 여러 가지가 있어요. 많은 사람들은 굶주림의 원인을 계속되는 가뭄과 사막화에서 찾아요. 또 어떤 사람들은 아프리카 사람들이 아이를 너무 많이 낳고, 게으르고, 무지하기 때문에 가난한 거라고 말해요. 또 다른 사람들은 독재 정권이 오랫동안 유지되면서 정치 관료가 부패했고, 끊임없이 벌어지는 전쟁이 주요 원인이라고 주장해요. 이 모든 이유가 겉보기에는 맞는 지적이에요. 하지만 분명 힘센 나라의 식민지 정책은 식량 불평등 문제에 영향을 끼쳤어요. 여러분은 어떤가요? 수많은 사람들의 굶주림이 그들만의 문제라고 생각하나요?

비만과의 전쟁, 기아와의 전쟁

뚱뚱한 사람이 가장 많은 나라는 어느 나라일까요? 바로 미국이랍니다. 미국의 성인 비만율은 무려 35.3퍼센트예요. 성인 인구 100명 당 35명이 비만인 거죠. 비만은 심혈관 질환, 당뇨병, 암, 관절염과 같은 각종 질병의 원인이 돼요. 미국 정부는 '비만과의 전쟁'을 선포하면서 비만을 줄이기 위해 노력하고 있어요.

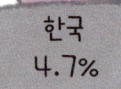
한국
4.7%

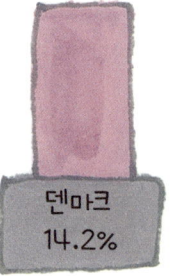
덴마크
14.2%

콜롬비아
20.9%

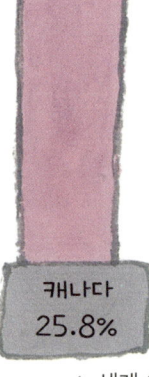
캐나다
25.8%

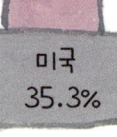
미국
35.3%

▲ 세계 여러 나라 성인 비만율

반면, 전 세계 인구 가운데 10억 명이 굶주리고 있어요. 이들은 열량 섭취량뿐 아니라 단백질 섭취량도 너무 적어 영양실조에 시달리다가 죽는 경우가 종종 있어요. 굶주리는 사람들의 대부분은 아프리카와 아시아 지역에 있어요. 7개 나라에 굶주리는 사람의 3분의 2가 거주하고 있대요. 한쪽에서는 비만이 걱정이고, 음식물 쓰레기가 넘쳐 나는데, 다른 한쪽에서는 먹을 식량이 없어서 사람들이 굶어 죽어요. 세상은 너무 불공평하지요. 굶주리는 사람들을 위해서 우리는 무엇을 할 수 있을까요?

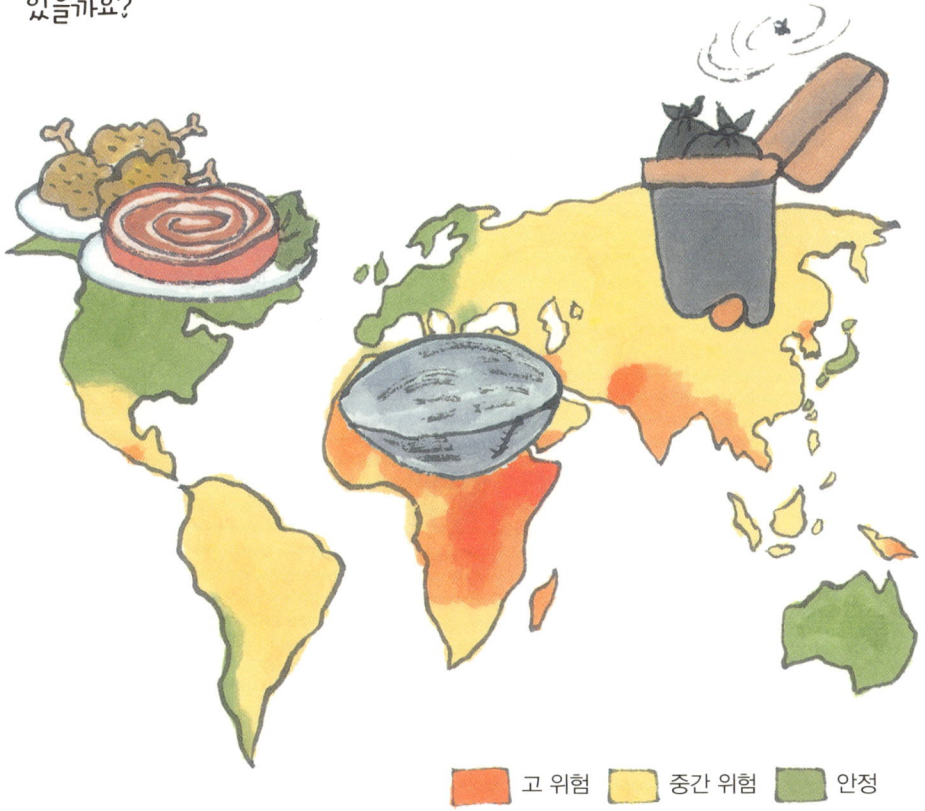

고 위험   중간 위험   안정

▲ 식량 안보 위험 지수
* '식량 안보'는 인구의 증가, 천재지변, 전쟁 등을 고려해서 얼마간의 식량을 확보하는 것이다.

02
유전자 조작 싫어요!
토종 씨앗 지켜요!

1만 년 농업의 역사에서
씨앗은 그 누구의 소유물도 아니었어요.
하지만 몬산토와 같은 종자 회사는 씨앗이 자기네 거라고 우기고
비싼 값에 팔아요. 그래서 농부들은 새벽부터 일어나
하루 종일 힘들게 일해도 빚만 늘어갑니다.
게다가 종자 회사의 씨앗은 대부분 유전자 조작을 통해
만들어진 거예요. 많은 사람들이 유전자 조작 농산물이
사람의 몸에 안전하지 않다고 생각해요. 그런데도 유전자 조작 농산물은
세계 식품 시장의 35퍼센트를 차지하고 있대요.
이제 우리의 토종 씨앗을 함께 지켜야 해요.

빚에 시달린 인도 농부

인도는 면화를 아주 많이 생산하는 나라입니다. 인도 정부는 농부들에게 세계적인 종자 회사에서 개발한 씨앗을 사다 심으라고 권유했대요. 살충제도 필요 없고, 생산량도 크게 늘어날 거라고 말했죠. 농부들은 기대에 부풀어 너도나도 값비싼 면화 씨앗을 사서 심었대요. 돈이 없으니 잔뜩 빚을 내서 씨앗을 구입한 거죠. 그런데 생산량은 큰 차이가 없었고, 해충에 의한 피해도 비슷했대요. 농부들이 크게 실망했겠죠?

빚은 점점 늘어만 갔고, 빚에 시달린 농부들은 농약을 마시고 목숨을 끊었습니다. 인도에서는 지난 16년 동안 25만 명이 넘는 농부들이 자살했어요. 대체 씨앗이 뭐기에 이렇게 많은 농부들이 세상을 떠나게

된 걸까요?

고추와 같은 채소를 심고 수확이 잘 된 농부는 씨를 받아 이듬해에 다시 심었어요. 사람 사는 세상에 농사를 짓기 시작한 이래 늘 그래 왔지요. 농부는 풍년을 약속하는 씨앗을 잘 보관하고 이웃과 나누며 더 좋은 씨앗을 찾아냈을 거예요. 하지만 1만 년이 넘는 농사의 역사에서 없었던 일이 요즘 세상에 버젓이 일어나고 있어요. 농부는 농사만 짓고 씨앗은 회사에서 구입해야 하는 새로운 질서가 생긴 거지요.

오늘날 세계적인 종자 회사 서너 개가 전 세계 시장을 독점하고 있습니다. 그중 몬산토는 세계 1위의 종자 회사예요. 몬산토는 콩, 옥수수, 면화를 비롯해 여러 씨앗을 개발했어요. 이 회사의 씨앗을 사기 위해서는 반드시 몬산토가 가진 특허권 (발명을 독차지해서 이용할 수 있는 권리) 을 침해하지 않겠다는 서약을 해야 합니다. 이 특허에 의해 농부는 오직 한 번만 씨앗을 뿌릴 수 있고, 다시 뿌리기 위해서는 반드시 씨앗을 새로 구입해야만 해요. 그래서 농부는 해마다 씨앗을 사게 되는 거랍니다.

몬산토는 특허권을 지키기 위해 온갖 소송을 합니다. 캐나다의 한 농부는 몬산토의 씨앗을 심지도 않았는데 소송에 휘말렸어요. 이웃 밭에서 날아온 씨앗이 이 농부의 밭에서 자라게 된 거죠. 몬산토는 이 농부가 자신들의 씨앗을 허락 없이 사용했다며 고발했고, 19명의 변

호사를 데려와서 소송에 임했대요. 몬산토는 미국 내에서만도 400명 이상의 농부를 상대로 소송을 걸었답니다.

　종자 회사가 처음 씨앗을 팔 때는 농약 없이도 많은 수확을 할 수 있다고 광고해요. 첫해에는 농약 없이 수확이 가능했어요. 하지만 다

음 해부터는 그 씨앗을 병들게 하는 해충이 나타나 농약 없이는 재배할 수 없었어요. 종자 회사는 그 씨앗에 잘 듣는 농약도 함께 팔았어요. 농부들은 해마다 더 많은 농약을 사서 뿌립니다. 게다가 종자 회사는 씨앗 가격을 해마다 인상해요. 결국 종자 회사는 많은 돈을 끌어모으고, 농부들은 많은 빚을 지는 악순환이 계속됩니다.

그러면 다시 옛날 씨앗을 심으면 되지 않느냐고 생각할 거예요. 하지만 종자 회사의 씨앗을 계속 심다 보니 토종 씨앗은 제대로 보관되지 못해 아주 많이 사라져 버렸답니다. 이렇게 종자 회사들이 농부들의 삶을 짓밟고 있어요.

이제 아무런 희망이 없는 걸까요? 그렇지 않아요. 세계 곳곳에서 토종 씨앗을 되살리려는 운동이 일어났거든요. 인도에서는 '나브다나'라는 토종 씨앗 보존 센터에서 토종 씨앗을 수집해 농민들에게 공짜로 나눠 줘요. 이 씨앗을 심자 농약을 뿌리지 않고도 재배할 수 있었대요. 우리의 식량은 우리 스스로가 지켜야 한다는 걸 보여 줍니다.

유전자 조작 농산물, 과연 괜찮을까요?

　종자 회사의 씨앗은 대부분 유전자 조작을 통해 만들어진 거예요. 유전자 조작은 유전자 재조합이라고도 하는데, 한 생명체의 유전자를 다른 생명체의 유전자와 결합시켜 원하는 특징을 가지도록 만드는 일이에요. 유전자 조작 씨앗은 한 식물에서 유용하다고 생각되는 유전자를 과학자가 억지로 뽑아내어 다른 식물의 유전자 틈에 강제로 집어넣어서 만들어요. 이렇게 유전자를 조작하여 생산한 농산물을 유전자 조작 농산물(GMO)이라고 불러요.

　인도에서 유전자 조작 면화의 잎을 먹은 양이 죽은 일이 일어났어요. 유전자 조작 면화를 개발한 미국의 과학자는 면화의 잎을 양이 먹을 거라 예상하지는 않았을 테지요. 그러나 재산 목록 1호인 양을 잃은 인도의 가난한 농부는 살길이 어려워졌을 거예요. 사람은 면화 잎을 먹지 않지만 면화씨로 만든 면실유는 먹는데, 괜찮을까요?

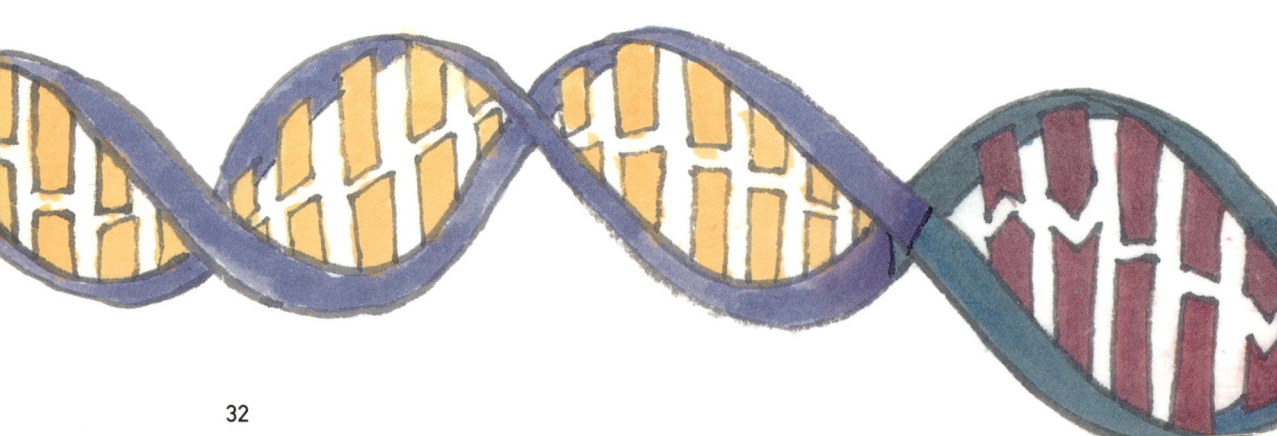

유전자가 조작된 농산물에는 고유의 농산물에는 없는 물질을 포함하게 될 가능성이 높아요. 새롭게 생긴 물질이 사람의 몸에 들어가 암을 일으키고 생명을 단축시킬지 확실하지는 않아요. 하지만 여러 연

구에서 안 좋은 결과가 나오고 있습니다. 유전자 조작 옥수수를 먹은 닭이 먹지 않은 닭보다 두 배나 빨리 죽었어요. 유전자 조작 감자를 쥐에 먹였더니 여러 암이 생기고, 뇌와 심장이 줄어드는 현상이 발견되었고요.

물론 닭과 쥐에 해롭다고 해서 반드시 사람에게도 해롭다고 단정할 수는 없지요. 그래도 해로울 가능성은 충분히 예상할 수 있어요. 유전자를 조작한 농산물은 옥수수와 콩, 감자와 유채 외에도 많습니다. 아직 우리가 주식으로 먹지 않지만 일부 벼와 밀의 유전자도 조작했어요.

한 가지 씨앗만 심으면 위험해요!

종자 회사는 수확이 많이 나오도록 유전자를 단순하게 만든 씨앗을

개발해요. 그리고 그 씨앗만을 판매하지요. 그러면 농부들은 수백 개의 씨앗 대신에 유전자 조작 씨앗 하나만 심습니다. 다양한 씨앗을 심지 않고, 한 가지 씨앗만 심는 것은 참으로 위험한 일이에요. 그 작물이 해충이나 곰팡이에 의해서 병에 걸려 다 죽으면 작물 자체가 이 지구상에서 완전히 사라지게 되거든요.

1845년 아일랜드에서 감자에 마름병이 돌았어요. 마름병은 식물이 마르거나 죽는 병을 말해요. 식물의 잎이나 줄기가 급격히 갈색으로 변하면서 시드는 증상을 보이지요. 농작물이 마름병에 걸리면 치명적인 피해를 입게 돼요. 금방 번져서 다 죽어 버리거든요. 아일랜드 농부들은 감자를 전혀 수확할 수 없었어요. 감자가 주식이었던 아일랜

드 사람들은 100만 명이 넘게 굶어 죽었지요.

 반면에 남미 안데스 지역에서는 똑같이 감자에 마름병이 돌았지만 큰 타격을 입지 않았어요. 여러 종류의 감자를 심었기 때문에 마름병에 걸리지 않은 품종들이 꽤 있었던 거지요. 다양한 씨앗을 심는 게 정말 중요하다는 걸 잘 알 수 있습니다.

 요즘은 바나나가 사라질지 모른다는 이야기가 들려요. 예전에는 다양한 품종의 바나나를 키웠는데 지금은 껍질이 두꺼운 '캐번디시' 바나나만 키우거든요. 껍질이 두꺼운 만큼 장거리 운반이 가능해 인기가 있는데, 이 바나나에 곰팡이가 돌기 시작했대요. 일단 곰팡이가 생기면 농장의 모든 바나나에 전염이 됩니다. 곰팡이가 핀 바나나 밭은 물론이고 그 주변 바나나 밭도 위험하기 때문에 모두 서둘러 불태워야 해요. 이러다가 앞으로 바나나도 못 먹게 될까요?

 오래전에 농부들은 가을에 씨앗을 받아서 이듬해 심었어요. 한 종류만 심지 않고 다양한 씨앗을 심었고요. 받아 놓은 씨앗 가운데 특정 곰팡이나 병균에 강한 유전자를 가진 씨앗도 있었지요. 예전의 농부들은 참 지혜로웠다는 생각이 들지요? 토종 씨앗을 지켜야만 우리 농업이 살아요.

꼬마 시민 카페

다양성을 지켜요

식량 작물의 다양성이 유지되어야만 미래에도 먹거리를 충분히 확보할 수 있다는 사실을 잘 알았지요? 하지만 다양성은 급격히 줄어들어 예전에 키우던 작물 품종 가운데 단 10퍼센트만이 계속 경작되고 있다고 해요.

소멸 위기의 식물 품종

▲ 중동의 밀
잔존 15%
소멸 85%

잔존 3%
소멸 97%
▲ 미국의 채소와 과일

▶ 중국의 밀 품종 수
1949년 1만 종

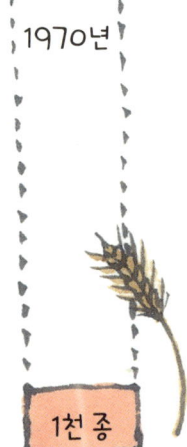
1970년 1천 종

가축도 마찬가지예요. 계속해서 멸종되거나 멸종 위험에 빠져 있는 품종들이 늘어나고 있어요.

멸종 위기의 가축 품종

▲ 염소 618품종
멸종 위기 63%

멸종 위기 54%
▲ 소 1,311품종

멸종 위기 51%
▲ 돼지 739품종

▶ 양 1,409품종
멸종 위기 58%

멸종 위기 58%
◀ 닭 1,273품종

하지만 아직 희망은 있어요. 공장식 농업이 들어오지 않은 지역에서는 엄청나게 다양한 품종이 재배되고 있으니까요. 페루에서는 3천 종의 감자가 재배된대요. 농민들이 씨앗을 저장해서 씨를 뿌릴 수 있는 날이 빨리 오면 좋겠지요? 우리도 씨앗에 관심을 가져요. 부모님과 함께 주말농장에 가서 씨앗을 심어 볼래요?

 농사짓기 편해지는 게 문제라고요?

농업이 석유를 많이 소비한대요.

봄에 씨앗을 뿌리고 가을에 작물을 거둬들이는 농업이

왜 석유를 많이 소비할까요?

땅이 어마어마하게 넓은 미국은

전 세계에서 농산물 수출을 가장 많이 하는 나라예요

미국 농부는 석유가 아주 많이 필요한 대형 농기계로 농사를 지어요.

농작물을 창고에 보관하고 배나 트럭으로 운반하는 데도 석유가 엄청 들어요.

그러고 보니 수입 밀가루로 만든 빵이나 오렌지를 먹을 때,

우리는 석유도 함께 소비하는 거네요.

석유 없이는 농사를 지을 수가 없다고요?

석유는 1년에 약 320억 배럴이 생산됩니다. 미국은 그중에서 20퍼센트를 사용하고요. 미국의 인구는 약 3억 2천만 명으로, 전 세계 인구의 20분의 1도 안 되지만 무려 5분의 1의 석유를 사용하는 것이지요. 교통, 무기, 난방에 석유를 주로 사용하지만 농업에도 꽤 많은 석유를 사용합니다.

미국 중앙의 대평원은 세계에서 곡식이 가장 많이 나는 곳이에요. 전 세계에서 소비되는 콩과 옥수수의 절반이 여기서 생산된대요. 미국의 농부들은 어마어마하게 넓은 농장에서 여러 가지 대형 농기계로 농사를 지어요. 씨앗을 뿌리는 것부터 거두어들이는 데에 이르기까지

모두 기계가 담당합니다. 농기계는 석유가 있어야 움직일 수 있지요.

그뿐이 아니에요. 화학 비료와 농약도 석유로 만들어요. 수확한 농작물을 운반하고 창고에 보관하는 데에도 많은 에너지가 필요합니다. 농산물을 세계 여러 나라로 수출하는 데에도 석유가 많이 필요하겠지요? 트럭도 배도 석유 없이는 움직이지 않으니까요.

감자나 콩도 비슷하지만 미국

의 옥수수를 예로 들어 볼까요? 옥수수를 재배할 때 옥수수에서 얻을 수 있는 칼로리의 10배에 달하는 석유가 필요하다고 해요. 그런 옥수수 16킬로그램을 소에게 먹이면 쇠고기 1킬로그램을 얻을 수 있대요. 그렇다면 미국산 쇠고기 600그램(한 근)을 먹으면 옥수수 9.6킬로그램을 먹는 셈이고, 옥수수의 10배에 해당하는 석유를 소비한 셈이 되어요. 우리나라도 소와 돼지, 닭과 오리를 키우는 데에 미국에서 수입한 옥수수를 많이 사용한답니다. 결국 우리가 고기를 먹는 게 아니라 정말 어마어마한 석유를 먹는 셈이네요. 그런데 유정에서 퍼 올리기 쉬운 석유는 어느새 거의 사라졌다고 학자들은 말해요. 이제 지하 깊숙이 고인 석유가 남았는데 퍼 올리는 비용이 점점 더 많이 들어간다고 합니다. 예전보다 석유 값이 엄청 올랐지만 더 큰 걱정은 석유를 퍼 올릴 수 없게 되는 일이에요. 그러면 전 세계적으로 식량이 크게 모자라게 될 테니까요.

아직 석유가 남아 있다 해도 문제는 여전히 있어요. 석유와 석탄의 과소비 때문에 지구 온난화가 일어난다는 건 알고 있지요? 자동차와 공장, 그리고 크고 작은 건물에서 연료를 너무 많이 사용하기 때문이에요. 그런데 상당한 석유를 소비하는 농업도 지구 온난화를 일으키

는 주요 원인이지요. 그리고 지구 온난화 때문에 가뭄이나 홍수 같은 기상 이변(보통 지난 30년간의 기상과 아주 다른 기상 현상)이 일어나는데, 기상 이변으로 식량 문제가 발생하기도 해요. 앞서 러시아의 큰 가뭄으로 아프리카 여러 나라에서 시위가 일어났다는 이야기 기억하지요?

이처럼 석유에 지나치게 의존하는 농업 형태는 정말 문제예요. 왜냐하면 석유를 다 써서 석유가 고갈되면 농사를 짓기 힘들어질 테니 식량이 부족해질 거예요. 그리고 석유가 남아 있어도 농업에 석유를 많이 써서 지구 온난화가 심각해지고, 그로 인해 가뭄이나 홍수 같은 기상 이변이 발생하여 농사를 망칠 수 있으니까요.

농사짓는 게 달라졌다고요?

우리나라는 어떨까요? 미국처럼 밭이 넓지 않으니 석유를 덜 소비할까요? 아무래도 그렇긴 합니다. 하지만 우리 농업도 이젠 석유를 많이 사용합니다. 농기계도 여러 종류를 사용하고 비닐하우스에서 물을 주는 기계를 사용하여 농작물을 키우는 경우도 종종 있으니까요. 이런 기계들은 석유가 많이 필요하지요.

예전에 농부들은 자신이 먹을 농작물을 다양하게 심었어요. 여름에 밭에 나가 보면 고추, 호박, 가지, 방울토마토, 상추, 옥수수, 파와 같은 채소를 볼 수 있었죠. 농부들은 채소를 직접 키우면서 그 자리에서 따 먹곤 했죠. 이웃과 함께 나누기도 해서 시장에 갈 필요가 전혀 없었답니다. 여러 채소로부터 영양분을 골고루 얻을 수 있어서 건강에 더할 나위 없이 좋았지요.

또 같은 곡물이나 채소라도 여러 품종을 심었어요. 같은 콩이라도 종류에 따라 심는 장소와 때가 다릅니다. 어떤 콩은 감꽃이 피기 전에 심어야 하고, 어떤 콩은 감꽃이 질 때 심어야 해요. 어떤 씨앗은 땅이 축축한 곳에, 어떤 씨앗은 햇볕이 잘 드는 곳에 심어야 해요. 이렇게 예전에 농부들은 다채로운 농작물과 여러 씨앗을 심었답니다.

심는 씨앗이 많으니 농사짓기 힘겹긴 했을 거예요. 그래도 여러 씨앗을 심었기에 모진 날씨가 닥쳐도 견딜 수 있었습니다. 그뿐 아니라 병충해도 이겨 낼 수 있었어요. 농작물이 어떤 병이나 해충에 약하더라도 옆에 심은 다른 농작물이 그 병충해가 번지는 걸 막아 주었으니까요.

    1960년대에 품종을 개량해 작물의 수확량을 크게 늘린 '녹색 혁명'이 일어났어요. '녹색 혁명'은 식량 생산을 크게 늘리려고 농업의 여러 분야를 새롭게 바꾸는 걸 말해요. 품종이 개발되고, 화학 비료, 새로운 농기구 들이 공급됐지요. 덕분에 수확량은 금방 늘었지만 석유 소비를 그 이상 늘려야 했어요. 석유 값이 쌀 때는 녹색 혁명이 성공인

줄 알았지만 아니었습니다. 시간이 지나면서 예전 같지 않게 된 거예요. 더욱 강력한 농약을 뿌리지 않으면 생산량이 줄어들었어요. 결국 농약 사용이 급속도로 늘었고, 어느새 농부들까지 농약 중독에 걸릴 정도가 되었습니다.

　여러 가지 품종을 조금씩 생산하는 '다품종 소량 생산'이 땅과 농산물과 농부의 건강에 좋은 일이에요. 그런데 정부는 '소품종 대량 생산'

정책을 추구하고 있어요. 거대한 기업처럼 우리 농업을 키워 돈벌이를 하겠다고 나선 것이죠. 하지만 거대한 농업은 소비자를 생각하지 않아요. 안전한 음식을 안정적으로 우리 국민에게 공급하는 것이 가장 중요한 일이라는 사실을 잊지 말아야 해요.

꼬마 시민 카페

석유를 줄이려면?

미국, 캐나다, 그리고 몇몇 유럽 국가는 농업에 종사하는 인구보다 트랙터의 수가 더 많습니다. 전 세계 트랙터 수는 60년 전에 비해 거의 5배나 늘어났어요. 이렇듯 농업이 기계화되면서 석유 소비도 갈수록 늘어나고 있어요.

생산뿐 아니라 운송 과정에서도 석유가 많이 소비돼요. 비행기를 통한 먹거리 운송이 배나 화물차와 같은 다른 운송 수단보다 훨씬 더 많은 석유를 소비하지요. 하지만 항공은 비싸기 때문에 배로 이동하는 경우가 많아, 총량으로 따지면 배가 가장 많은 석유를 소비합니다. 그런데요, 이동 거리를 기준으로 하면 사람들이 식품을 구입하기 위해 승용차로 마트에 갈 때 사용하는 석유가 가장 많다고 해요. 그러니까 부모님과 함께 동네 시장을 이용하면 어떨까요? 우리 고장에서 난 제철 음식을 먹으면 더욱 좋겠지요?

▲ 식량 1톤을 1킬로미터 운송할 때의 평균 이산화 탄소 배출량

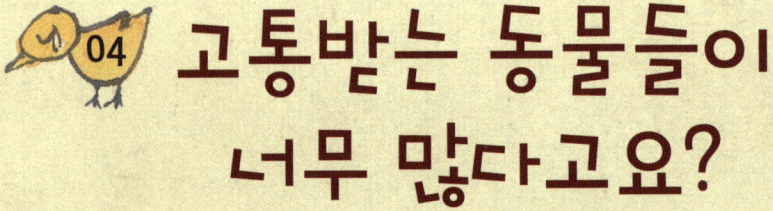 04 고통받는 동물들이 너무 많다고요?

몇 십 년 전만 해도 사람들은

소, 돼지, 닭과 같은 동물을 가족처럼 대했어요.

동물도 사람과 똑같이 감정이 있고 고통을 느낀다는 걸 잘 알았지요.

하지만 축산업에서는 동물을 잔인하게 기릅니다.

맛있고 값싼 고기를 빨리 얻기 위해

비좁고 악취가 가득한 더러운 축사에서 동물들을 억지로 살찌운대요.

동물들이 보다 나은 환경에서 살아갈 수 있도록

우리 모두 관심을 가져요.

동물은 먹고 사람은 굶고

농부는 하루 종일 고된 노동을 하는데, 농부의 아이들은 굶주려요. 농부가 키운 농작물을 동물들이 먹어치우니까요. 동물을 먹이기 위해서 사람이 굶주리는 상황이 상상이 되나요? 세계 곳곳에서 벌어지는 일입니다.

아마존 밀림으로 가 볼까요? 땅 위에 사는 모든 동물은 숨을 쉬어야 합니다. 산소를 들이마시지 못하면 생명을 이어 갈 수 없지요. 산소는 공기 가운데 21퍼센트를 차지해요. 산소의 4분의 3은 바다에서 나오지만 4분의 1은 숲에서 생산돼요. 특히 아마존 숲은 지구 산소의 20퍼센트 정도를 생산하는 것으로 알려져 있어요. 그런데 아마존 숲이 빠른 속도로 사라지고 있답니다. 1초에 축구장 두 개 면적만큼 사라진다고 해요.

도대체 왜 이런 일이 벌어질까요? 그건 바로 기업들이 콩을 재배하기 위해 열대 우림을 마구 없애기 때문이에요. 그런데 왜 그렇게 많은 콩이 필요할까요? 그 콩은 사람들이 먹는 식량일까요? 아니에요. 콩은 대부분 동물 사료로 쓰여요. 파괴된 아마존 열대 우림의 70퍼센트가 동물 사료 재배를 위해서 쓰이고 있다니 그 규모를 짐작할 수 있겠죠?

요즘 우리는 고기를 너무 많이 먹어요. 어딜 가나 고깃집이고 집에서도 고기를 자주 먹어요. 먹기 좋게 가공된 고기가 식품 매장마다 가득하고 고기 요리를 하는 방송이 넘쳐요. 고기가 아주 흔한 세상이 되었어요. 사람들이 원하는 만큼 고기를 충분히 공급하려면 동물을 많이 키워야겠죠? 동물을 많이 키우려면 사료가 많이 필요하지요. 그래서 숲을 없애고 밭을 만들어 콩을 재배하는 거예요.

동물들은 도대체 사료를 얼마나 많이 먹는 걸까요? 쇠고기를 생각해 봐요. 보통 1킬로그램의 순수한 쇠고기를 얻기 위해서 16킬로그램의 곡물을 사료로 먹여야 한대요. 우리가 곡물을 직접 먹지 않더라도 고기로 한 끼를 먹음으로써 엄청난 곡물을 소비하는 셈이 됩니다. 너무심하다는 생각이 들지요?

　가난한 나라 사람들은 식량이 없어서 굶주려요. 사람이 먹을 수 있는 농작물을 사료로 주는 까닭에 식량은 더욱 부족해집니다. 부자 나라 사람들이 고기를 지나치게 소비하면서 가난한 나라 사람들이 굶주리게 되는 거죠. 고기를 덜 먹으면 식량이 늘어나 세계 곳곳에 나눠질 가능성도 높아질 거예요.

　고기를 덜 먹으면 열대 우림도 회복될 수 있습니다. 동물 사료를 위한 농경지가 확실히 덜 필요하게 될 테니까요. 그뿐이 아니에요. 소 방귀와 트림에 섞인 메탄가스가 지구 온난화에 큰 영향을 끼쳐요. 고기를 덜 먹으면 가축을 덜 키울 테고, 가축이 내뿜는 메탄가스 양이 줄어들 테니 이 또한 환경에 도움이 될 거예요.

　수많은 사람들이 굶주리고 지구 온난화가 심해지는 세상에 고기 소비가 지나쳐요. 배고픈 사람들을 생각하고, 환경을 생각한다면 지금부터라도 고기를 덜 먹는 게 좋지 않을까요?

가축들도 스트레스가 쌓여요

많은 농작물이 가축의 사료로 쓰인다고 하니, 동물들은 잘 먹고 잘 사는 것처럼 보이나요? 전혀 그렇지 않아요. 동물의 먹이부터 사는 장소, 죽음에 이르기까지 참으로 끔찍하답니다.

풀을 뜯는 입을 가진 소에게 옥수수와 콩은 전혀 어울리지 않습니다. 잡식성인 돼지와 닭과 오리도 옥수수와 약간의 콩을 사시사철 먹는 걸 즐거워할 리 없습니다. 오직 그 사료만 준다면 어쩔 수 없는 노릇이겠지요.

소의 어금니는 위아래 턱에 모두 있지만, 앞니는 위턱에 없어요. 기다란 혀와 아래턱의 앞니로 풀을 뜯어 어금니로 갈아 삼키면 4개의 되새김위에서 천천히 소화시켜요. 첫 번째 위에 들어갔던 풀을 다시 입으로 되돌려 한참 동안 어금니로 갈아 넘기지요. 그런데 옥수수와 콩은 그런 되새김을 어렵게 합니다.

소의 위에 옥수수가 들어가면 가스가 생겨요. 이 가스가 넘치면 늘어난 위가 허파를 눌러 소는 숨을 제대로 못 쉬어요. 자칫 잘못하면 숨이 막혀 죽을 수 있는데, 이때 농부는 얼른 고무호스를 입에서 위까지 넣어 가스를 빼 주어야 한대요. 그런데 키우는 소가 많으면 농부가 일일이 고무호스를 넣어 줄 수 없겠지요? 미국의 커다란 목장에서는 소의 옆구리에 구멍을 뚫는 수술을 해서 농부가 직접 소 위장에 손을 넣을 수 있도록 한대요. 사람이 자신의 위 속에 손을 넣고 휘저으면 소는 아무렇지도 않을까요? 참 안타까운 일이에요.

예전에 돼지나 닭은 집 안의 헛간이나 마당에서 놓아 키웠죠. 다 자란 수컷과 암컷 사이에서 태어난 새끼들이

함께 어울려 돌아다녔어요. 하지만 요즘은 이처럼 키우는 가축은 찾아보기 어려워요. 물건을 찍어 내는 공장처럼 가축도

그렇게 키운답니다. 가축은 그저 상품일 뿐이지요. 커다란 목장에서 한꺼번에 많은 가축을 키워요. 암컷과 수컷을 구별하지 않아요. 똑같은 크기의 어린 가축을 잔뜩 사 와 비좁은 곳에 가둬 키워요.

오래 키우지도 않아요. 가축은 어느 정도 자라면 사료를 먹는 양에 비해 몸무게가 덜 늘어나요. 사람들은 그러면 손해라고 생각하지요. 그들에게 가축은 눈을 마주하는 생명체라기보다 그저 살아 있는 고기일 뿐입니다.

대부분의 돼지와 닭은 아주 어린 나이일 때 축사로 들어와요. 가축을 빨리 성장시키기 위해 사료에는 성장 촉진제를 듬뿍 섞어요. 이 사료를 먹은 가축은 뼈가 단단해지기 전에 덩치부터 커져서 뼈가 부러질 때도 많답니다. 사료를 먹는 공간에서 똥오줌을 누니 축사는 늘 악취가 가득해요. 하도 많은 가축을 좁은 공간에 밀어 넣으니 서로 부딪치며 난리가 나요. 이러면 가축들도 스트레스가 쌓이겠지요? 스트레스를 이기지 못한 돼지는 앞에 있는 돼지의 꼬리를 물어요. 닭들은 날카로운 부리로 서로 쪼아 대고요.

 좁은 축사에서 서로 꼬리를 물고, 부리로 쪼아 상처가 생기면 더 큰 질병으로 이어질 수 있겠지요? 그러다가 전염병이라도 돌면 목장 주

인은 큰 손해를 입게 됩니다. 그래서 사료에 항생제를 넣는 거예요. 항생제는 병의 예방과 치료에 도움이 되거든요.

그뿐이 아니에요. 큰 상처를 방지하기 위해 미리 돼지의 꼬리를 자르고, 앞니와 송곳니를 뺍니다. 마취 주사도 놓지 않고 진행한다니 참 끔찍하지요? 닭에게 부리는 사람의 손 이상으로 중요한 건데, 닭의 부리 끝을 뭉툭하게 잘라요. 그래야 쪼이더라도 상처를 덜 받을 테니까요. 이 과정에서 죽어 나가는 어린 돼지와 닭들이 많답니다.

그토록 어린 나이에 죽다니

가축은 어느 정도 자라면 도살됩니다. 도살장에서 죽여 눈에 잘 띄는 상품으로 포장되는 거예요. 목장 주인은 보통 태어난 지 20개월 된 소를 도살장으로 보냅니다. 태어난 지 20개월 된 소는 사람으로 따지면 일곱 살에 해당하는데, 이렇게 어린 송아지를 죽이는 거예요. 미국에서는 4개월만 사육되는 송아지도 많다고 해요. 철분을 먹이지 않아 어린 송아지는 빈혈로 죽어요. 빈혈로 죽은 송아지의 고기는 분홍색으로 아주 부드럽다지요.

목장의 돼지는 10개월이 지나면 일제히 도살장으로 보내집니다. 삼

계탕 닭은 4주, 튀김 닭은 5주, 가슴살을 위한 미국의 닭은 7주 이상 살지 못합니다.

우리는 하얀 지방이 육질 사이에 물결치는 쇠고기를 좋아해요. 슬프게도 소 근육에 장애가 생겨야 이렇게 된대요. 어미 곁을 돌아다닐 나이의 송아지이지만 옥수수 때문에 지방이 비정상적으로 늘어 잘 움직이지 못한 거지요. 돼지도 마찬가지이고요. 닭은 몸무게가 너무 빨리 늘어 다리가 부러지는 일이 많다고 하네요. 이것이 우리가 먹는 고기의 실제 모습입니다.

본성이 억압된 상태에서 고통받으며 자라고, 아직 어린 나이에 도살된 가축은 먹지 않는 게 좋겠죠? 그런데 우리는 마트의 식품 매장에서 포장된 고기를 구입하기에 고통받았는지 아닌지를 알 수 없습니다. 그저 불고기나 삼겹살, 닭튀김으로 이해할 뿐이지요. 하지만 짐작할 수 있는 방법은 있어요. 지방이 지나치게 많아 부드럽다면 의심할 수 있지요. 지방이 물결치는 쇠고기가 고급이라는 광고도 조심해야 해요. 장애가 생길 정도로 고통스럽게 키운 흔적이니까요. 또 너무 부드러운 고기를 탐내지 않는 게 좋겠어요. 부드러운 고기는 어린 가축일 수 있으니까요.

가축이 내뿜는 온실가스

온실가스를 줄이려면 어떻게 해야 할까요? 승용차 사용을 줄이고 대중교통을 이용해야 한다는 건 누구나 알죠? 실내 온도도 적당하게 유지해야 되고요. 쓰레기도 줄이고, 물도 아껴 쓰고, 물건들은 재활용해야 하고요. 그런데요, 전 세계 온실가스의 20퍼센트를 가축이 뿜어낸대요. 고기 1킬로그램을 만들 때 배출되는 이산화 탄소의 양은 온 집 안에 불을 켜둔 채 3시간 동안 자동차를 운전하는 것과 맞먹는다는군요.

▲ 전 세계 온실가스 중 가축이 내뿜는 비율

소는 방귀나 트림을 통해 온실가스 중 하나인 메탄가스를 내뿜어요. 가축의 분뇨를 처리하는 데도 많은 온실가스가 배출되고, 지구 전체에서 배출되는 메탄가스의 30퍼센트에 달한대요.

▲ 전 세계 메탄가스 중 소가 내뿜는 비율

그뿐이 아니에요. 소를 키우는 목장을 만들고, 사료를 재배하려고 아마존 열대 우림을 파괴하잖아요. 숲이 사라지면 이산화 탄소를 흡수하지 못해요. 온실가스 배출량을 줄이기 위해 우리가 고기를 조금 적게 먹을까요?

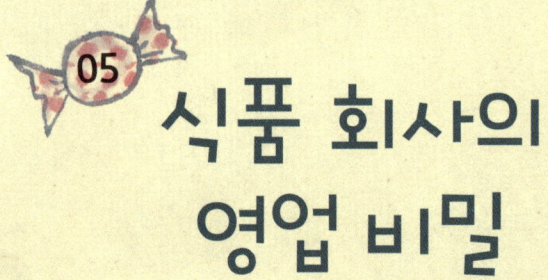

식품 회사의 영업 비밀

'패스트푸드'가 뭔지 알죠?

햄버거, 치킨, 피자 따위가 바로 떠오를 거예요.

'정크푸드'는 들어 봤나요?

정크는 쓰레기라는 뜻이니까, 정크푸드는 쓰레기 음식이에요.

음식에 쓰레기를 붙이니 좀 무시무시하죠?

정크푸드는 열량은 높지만 영양가는 낮은

패스트푸드, 인스턴트식품을 이르는 말이에요.

이런 음식을 많이 먹으면 비만, 고혈압, 당뇨 같은 성인병에 걸리기 쉬워요.

식품 회사는 왜 이렇게 몸에 안 좋은 음식을 만들까요?

한 달 동안 햄버거만 먹는다면?

한 영화감독이 비만의 주범인 패스트푸드의 문제점을 고발하는 다큐멘터리 영화를 만들기로 했어요. 그는 한 달 내내 하루 세 끼 맥도날드 햄버거만 먹으면서 변화하는 자신의 신체를 촬영했지요. 이 영화는 〈슈퍼 사이즈 미〉라는 제목으로 2004년에 개봉됐어요. 감독은 몸무게가 10킬로그램 이상 늘었고 우울증과 간질환 같은 여러 질병에 걸렸어요. 많은 사람들이 이 영화를 보고 큰 충격을 받았답니다.

우리나라도 비슷한 시기에 '환경정의'라는 환경 단체에서 햄버거만 먹은 청년이 있었어요. 하루 세 끼 햄버거만 먹고 자신의 몸에 어떤 변화가 일어나는지 의사와 함께 살펴보는 실험을 했지요. 의사가 더 먹으면 건강을 망칠 수 있다고 경고해서 24일 만에 포기하고 말았답니다.

이렇듯 햄버거를 자주 먹으면 살이 찔 뿐 아니라 당뇨병이나 비만 같은 여러 성인병에 걸릴 가능성이 높아요. 햄버거는 어떻게 만들기에 이런 문제가 생기는 걸까요?

다진 고기에 빵가루를 섞어서 만든 햄버거의 패티는 식감이 부드러워요. 그런데 부드러운 쇠고기는 생후 20개월 전후의 송아지에게서 얻을 수 있어요. 하지만 이건 가격이 비싸서 햄버거를 만들 수 없어요. 평생 우유만 생산하거나 송아지만 낳다 지친 소는 30개월이 훨씬 넘어야 도살됩니다. 그 소의 살코기는 부드럽지 않아요. 부드럽지 않아 가격이 싼 그 쇠고기가 햄버거 속의 다진 고기, 다시 말하면 '햄버거 패티'로 바뀌게 됩니다.

그렇다면 어떻게 부드럽게 만들 수 있을까요? 사람들이 외면하는 지방을 충분히 넣고 기계로 갈았기 때문이지요. 그렇게 만든 햄버거 패티에 특별한 맛과 향을 내는 식품 첨가물을 섞어요. 그런데 어떤 식품 첨가물이 어느 정도 들어가는지 아는 사람은 거의 없습니다. 영업 비밀이기 때문이라는데, 그 회사를 운영하는 몇몇 사람만 알겠지요.

 이렇게 만든 음식은 세계 곳곳에서 판매하지만 재료는 한두 군데에서 만들어 긴 시간에 걸쳐 운반합니다. 그러니 방부제를 충분히 넣어야 할 거예요. 대개 패스트푸드는 냉장고 밖에 오래 두어도 잘 썩지 않아요. 6개월이 지나면 수박은 형태를 알아볼 수 없게 썩고 말지만 햄버거는 아무렇지 않아요. 그만큼 방부제가 많이 들어갔기 때문이지요.
 사용이 허가되었더라도 몸에 이로운 식품 첨가물은 거의 없습니다. 또 하루 허용치 내에서 먹는다고 해도 안전하다고 말할 수 없어요. 허용량 기준치를 정할 때 동물 실험을 통해 정하기 때문이에요. 식품 첨가물을 자주 먹으면 비만, 장염, 고혈압, 두통, 아토피와 같은 여러 질병에 걸릴 수 있답니다.
 식품 첨가물이 들어간 음식은 패스트푸드만이 아니에요. 당분이 많이 들어간 콜라나 사이다, 과일 향이 들어간 음료수도 마찬가지입니다. 과자나 아이스크림, 라면에도 식품 첨가물이 많이 들어 있어요.

한참 자라는 아이를 키우는 엄마들이 "차라리 아이를 굶겨라!" 하고 탄식한 적이 있어요. 아이들이 좋아하는 음식 39가지를 조사하니 300가지가 넘는 식품 첨가물이 들어 있었고, 대부분 몸에 나쁜 것들이었기 때문이에요. 우리가 평생 320킬로그램의 식품 첨가물을 먹는다고 주장한 학자도 있어요.

아이스크림을 한번 볼까요? 기름과 물은 잘 섞이지 않아요. 유화제를 넣으면 잘 섞여 아이스크림이 부드러워집니다. 유화제는 우리 몸에 들어가 세포를 파괴할 수 있습니다. 그뿐이 아니에요. 아이스크림 속에는 작은 공기가 있기 때문에 영하의 추운 곳에 놓아도 녹아 흐를 수 있어요. 그래서 안정제를 넣어 흐르지

않게 하는데, 안정제는 해로운 화학 물질이 몸에 흡수되는 걸 돕게 되어요. 어린이는 물론 어른들도 좋아하는 햄은 어떨까요? 돼지고기의 맛과 붉은 색을 두드러지게 하고 미생물 오염을 막으려고 아질산나트륨을 넣어요. 그런데 이 물질이 몸에 들어가 암을 일으키는 물질로 변할 수 있어요.

기업의 이익을 위해서라면

이런 가공 식품은 누가 많이 먹는 걸까요? 바로 부자 나라의 가난한 사람들이 많이 먹어요. 부자 나라의 가난한 사람들은 보통 사람들이 외면하는 일, 다시 말해 힘들고 어렵고 더러운 일이라도 많이 해야 적은 돈이라도 벌 수 있어요. 그러다 보니 늘 돈과 시간이 부족하겠지요. 이들이 쉽게 찾는 음식이 햄버거, 치킨, 피자와 같은 패스트푸드입니다.

이 음식들은 칼로리는 너무 높고, 영양소가 불균형해요. 단백질, 지방, 탄수화물은 지나치게 많은 반면 비타민, 무기질, 섬유소는 너무 적은 양이 들어 있어서 살이 찌기 쉬워요. 가난한 사람들은 칼로리는 넘치지만 영양분이 거의 없는 음료수로 배를 채우는 경우도 있다고 하니 살이 비정상적으로 찔 가능성이 높습니다.

부자들은 몸에 좋은 유기농 과일과 채소를 맘껏 먹어요. 헬스클럽에 가서 땀을 흘리며 운동을 해서 몸무게를 적당한 수준으로 유지해

요. 몸에 좋은 음식을 먹고, 몸에 좋은 운동을 할 수 있는 돈과 시간이 있는 거지요. 교육을 많이 받았기에 건강과 관련된 정보를 얻기도 쉽고, 건강식품도 쉽게 접할 수 있어요. 물론 의료진의 도움도 충분히 받을 수 있고요.

또 한 가지 더 생각해 볼 부분이 있어요. 식품 회사는 어떻게 식품을 싸게 공급하는 걸까요? 여기서 싸다는 건 부자 나라에서 그렇다는 말이에요. 부자 나라보다 훨씬 더 가난한 나라는 그런 싸구려 식품들도 구하지 못해 굶어 죽는 아이들이 많으니까요.

식품 회사는 가난한 나라에서 생산하는 카카오나 설탕을 헐값에 사들여요. 그래서 가난한 나라 사람들은 더 가난해지는 거예요. 식품 회사는 이 재료를 가지고 초콜릿 바를 만들어 싼값에 판매합니다. 부자 나라의 가난한 어린이들이 값이 싼 이 초콜릿 바를 사 먹고 건강을 해치지요. '설탕 중독'이란 말을 들어 본 적이 있나요? 이런 식품들은 중독에 빠지기 쉽고, 한번 중독에 빠지면 헤어 나오기가 정말 힘들답니다.

식품 회사는 텔레비전에 광고를 내보내요. 식품 회사의 광고는 교묘합니다. 도저히 피할 수 없는 유혹을 하지요. 먹으면 비정상적으로 살이 찌고 몸에 안 좋은 음식이지만 그런 음식 광고를 자주 보면 피하려는 생각이 약해집니다. 마트에 가면 광고에서 본 음식을 자신도 모르는 사이에 집어 들게 되잖아요. 식품 회사가 광고를 통해 우리를 조종하는 셈이지요.

식품 회사 중에는 기업의 이익을 위해서 나쁜 일도 서슴지 않고 저지르는 경우도 종종 있어요. 안 좋은 재료를 몰래 넣는 회사들이 있다는 건 뉴스를 통해 봤을 거예요. 그 기업 제품에 대해서 소비자들은 불매 운동을 벌이고요. 그런데 그뿐이 아니에요. 세계적인 식품 회사 중에는 자신들의

이익을 위해서 가난한 나라의 어린이 노동자가 착취당하는 걸 모른 척하는 경우가 많아요. 게다가 독재 정권이 민주 인사를 탄압하는 데 협조하기도 합니다. 군사 독재 정권은 국민들의 건강을 신경 쓰지 않고 자신들의 이익만 탐하기 때문에 식품 회사가 돈을 벌기 쉬워요. 세상이 조금이라도 좋아지려면 우리는 좋은 식품을 선택해야 하겠지요?

식품 첨가물이 왜 나쁠까요?

식품 첨가물은 화학적 방법을 사용해서 만든 인공 물질이에요.

이런 물질들을 먹게 되면 우리 몸은 이를 독소로 인식해서 몸 밖으로 배출시켜요.

이때 해독 작용을 하면서 수많은 비타민과 미네랄이 소비되지요. 그러다 보면 우리 몸은 면역력이 떨어져요. 면역력이 떨어지면 여러 가지 질병에 걸리기 쉽답니다.

식품 산업은 세균에 의한 식중독을 방지하고, 식품의 급격한 질 저하를 막기 위해 식품 첨가물을 사용한다고 주장해요. 하지만 보존제, 항산화제 같은 첨가물은 전체 시장의 5.5퍼센트에 불과하대요. 나머지는 식품의 색상, 맛, 외관, 질감을 변화시키려는 겉치레로 쓰입니다.

타르 색소 이야기를 들어 봤나요? 타르 색소는 값이 싸고 색깔이 선명해서 껌, 사탕, 음료수,

과자에 사용되는 합성 착색료예요. 타르 색소는 아토피 피부를 악화시키고 암을 유발할 수 있대요. 게다가 주의력결핍과잉행동장애의 원인이라는 연구 결과가 잇달아 발표되었어요. 국내에서는 8종류의 타르 색소가 식품에 사용되는데 적색 102호와 적색 2호는 어린이 기호 식품에 사용이 금지됐습니다. 어린이 의약품에 포함된 타르 색소도 계속 빼 나가고 있고요.

과자나 사탕이 먹고 싶을 땐 그 속에 몸에 해로운 식품 첨가물이 가득 들어 있다는 사실을 기억해보아요. 조금씩 덜 먹을 수 있겠지요?

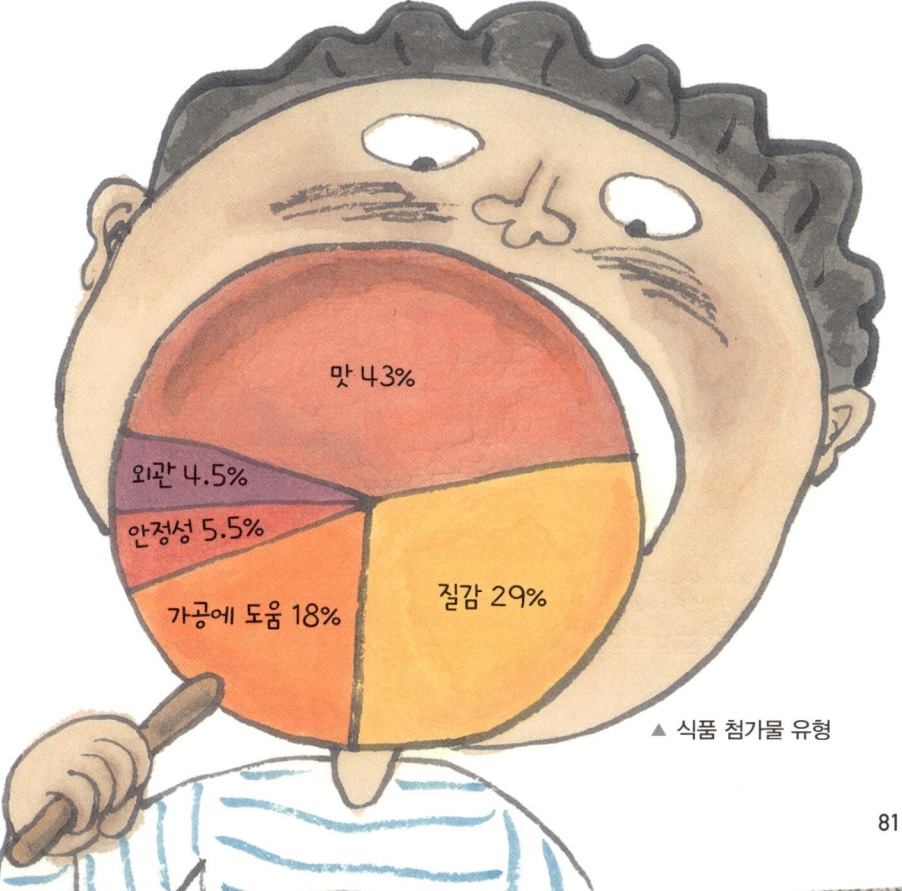

▲ 식품 첨가물 유형

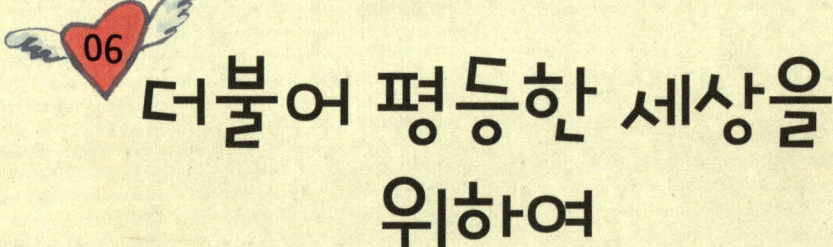

06 더불어 평등한 세상을 위하여

영양실조로 어린이들이 굶어 죽거나

굶주림으로 고통받는 사람들이 없는 세상,

동물들이 좋은 환경에서 태어나고 먹고 놀고

편안한 죽음을 맞이할 수 있는 세상,

새벽부터 해 질 녘까지 고된 노동에 시달리는 농부들이

정당한 대가를 받는 세상,

그런 세상을 위해서 우리는 무엇을 할 수 있을까요?

식량이 무기가 될 수 있다고요?

얼마 전에 TV에서 〈농부가 사라졌다〉라는 가상 다큐멘터리 프로그램을 방영한 적이 있었어요. 제목처럼 어느 날 갑자기 대한민국의 모든 농부들이 사라진 거예요. 농부가 없으니 당연히 농산물들도 사라졌고요. 국민들의 건강은 큰 위험에 빠지게 되겠죠? 결국 국가 안보까지 위험해지게 되었어요.

가상의 이야기이지만 우리 농촌의 현실을 보면 충분히 그럴 듯해 보입니다. 농촌에 가면 할머니, 할아버지들만 있고 젊은 사람들은 별로 없어요. 젊은 사람들이 없으니 어린이들도 없고요. 폐교되는 초등학교들이 점점 늘어나고 있죠. 농사를 지어서는 먹고살기 힘들기 때문이에요.

우리나라는 국민이 먹는 식량의 고작 4분의 1만 생산해요. 나머지 4분의 3은 미국처럼 농산물이 남는 국가에서 수입합니다. 농산물을 수입하는 게 아무 문제없다고 주장하는 사람들도 있어요. 우리나라 농산물보다 훨

씬 싼 가격으로 사서 먹을 수 있다면서요. 하지만 당장의 이익보다 더 큰 문제가 생길 수 있어요.

　지구 온난화에 이은 홍수와 가뭄 같은 기상 이변으로 미국의 식량 생산량은 점점 줄어들 수 있어요. 게다가 석유가 비싸지면 생산 비용은 늘어나게 되겠죠. 드넓은 농토에서 기계로 농사를 짓고 있으니까요. 생산 비용이 늘어나면 우리는 큰돈을 내고 농산물을 수입해야 합니다. 더 큰 문제는 미국에서 식량을 수입하는 국가가 점점 늘어난다는 사실입니다. 인구가 14억에 가까운 중국이 미국 농산물을 대량으로 수입해요. 이러다 우리가 수입할 농산물이 부족해질지도 모릅니다. 식량이 부족해지면 식량이 남아도는 국가는 더욱더 많은 돈을 요구할 거예요. 우리는 식량을 수출하는 국가의 요구에 꼼짝 못하게 될 수도 있겠지요. 식량이 무기가 되는 거네요.

프랑스 사람들은 진정한 독립은 식량을 자국에서 100퍼센트 이상 생산해야 가능하다고 생각합니다. 프랑스는 국민이 먹는 식량의 거의 두 배를 생산해요. 부족한 식량을 구하러 다른 나라에 손 벌릴 필요가 없지요. 역시 식량을 충분히 생산하는 독일도 프랑스와 마찬가지로 농토를 잘 보호합니다. 미래에 무기가 될 가능성이 있는 식량을 안전하게 재배해야 하니까요. 농토에 아파트 단지와 공업 단지를 계속 만드는 우리나라가 걱정입니다.

세계 곳곳에 굶주리는

사람들이 많은데 부유한 나라에서는 식량을 대량으로 버리는 일도 벌어집니다. 물건이 넘치면 가격은 낮아지는데, 사고파는 식량도 마찬가지예요. 자국의 농부들에게 어느 정도 이상의 수입을 보장해야 농업을 포기하지 않기 때문에 멀쩡한 식량을 버리는 겁니다. 가난한 나라가 볼 때 참으로 잔인한 일입니다.

더 나쁜 것은 식량의 가격을 부풀리는 나쁜 사람들이 있다는 거예요. 어마어마하게 큰 창고를 짓고 곡물을 잔뜩 사서 넣어 두고 풀지 않으면 당연히 시장에 곡물이 부족해지겠죠? 그러면 가격이 오를 수밖에 없잖아요. 사려는 사람은 많은데 물건이 부족하면 물건 값이 오르지요. 그런 투기꾼들이 세계 곡물 시장에도 많답니다. 이런 일에 덜 휘둘리려면 우리나라에서 생산하는 식량을 늘려야 합니다.

유기 농업이 희망이다

우리 땅에서 농산물을 많이 생산하기 위해 농약과 화학 비료를 듬뿍 사용한다면 어떻게 될까요? 당연히 땅도 상하고 온 국민의 건강도 나빠지겠지요. 농약을 심하게 뿌리면 땅속에 사는 미생물과 농사에 이로움을 주는 지렁이, 해충을 잡아먹는 개구리가 죽고 말아요. 농부

는 화학 비료를 더 뿌리게 되겠군요. 미생물과 지렁이가 사라진 농토는 단단해져요. 농부는 하는 수 없이 크고 무거운 농기계를 사용해야 하는데, 점점 많은 돈이 들지요. 농부는 지쳐가고 몸도 망가집니다.

　다행히 예전처럼 다양한 농작물을 심는 농업이 소중하다는 걸 이해하는 농부들이 많아졌어요. 다양한 농작물을 심으면 해충과 잡초가 크게 늘지 못해요. 논밭의 오랜 생명인 미생물과 곤충과 개구리들을 죽이는 농약과 화학 비료를 거부하는 농부들도 많아졌어요. 그런 농부들이 생산한 유기농 농산물을 찾는 소비자들도 늘어났고요.

　유기 농업은 땅과 농작물과 농부와 소비자의 건강을 모두 생각하는 농업입니다. 곤충을 죽이기보다 쫓아내고, 농작물 이외의 풀을 죽이지 않고 뽑아서 효소를 담아요. 유기 농업은 농부들의 많은 땀을 필요로 해요. 일손이 부족하면 유기 농업은 커지기 어렵지요. 농약과 식품 첨가물과 유전자 조작 농산물을 피하고 싶은 소비자들이 늘어나면 어떻게 될까요? 공기가 나쁜 도시를 떠나서 농촌으로 들어가 농사지으려는 사람들이 늘어나게 될 거예요.

　　무엇보다 농부의 몸과 마음이 건강해야 농촌도 농업도 활기찰

수 있습니다. 도시의 소비자는 농부에 대해 고마운 마음을 가져야 해요. 농부들이 고생해서 수확한 농작물을 쉽게 받아서 먹으니까요. 우리가 잘 먹을 수 있는 건 우연이에요. 가난한 나라에 태어나지 않았기 때문이지요. 우리나라도 가난했을 때 배고픈 사람들이 많았다는 이야기를 들어 본 적 있지요? 농부와 농촌을 무시하면 우리도 배고플 수 있습니다.

제철 제고장 농산물을 먹어요

식량을 멀리 떨어진 나라에서 수입하려면 많은 석유를 소비해야 합니다. 거대한 배로 운반하니까요. 비행기로 운반하면 석유 소비가 더 많은 만큼 지구 온난화가 더 심해질 거예요. 석유 소비를 줄이려면 유기 농업으로 농사지은 농작물을 지역 사람들과 나누어야겠지요. 이것을 '로컬 푸드 운동'이라고 말해요. 어떤 사람들은 손수레로 운반할 수 있는 거리 안에서 농작물을 나누길 바랍니다. 이렇게까지는 못해도 우리 지역에서 생산된 먹을거리를 먹는 게 좋겠지요?

그런데 석유 소비를 더 줄이려면 제철 농산물을 먹어야 해요. 비닐하우스에서 농사를 지으려면 난방이 필요합니다. 비닐하우스 안에 물을 주려면 석유를 사용하는 기계 장치가 필요하고요. 겨울에도 농사를 지을 수 있지만 겨울에는 농부들도 쉬는 게 좋습니다. 우리는 5월에 익는 딸기를 겨울부터 먹고 7월에 익는 복숭아를 봄에 먹지요. 비닐하우스에 난방을 하기 때문입니다. 가급적이면 제철에 나온 과일과 채소를 먹으면 어떨까요? 가까운 농촌에서 재배하는 농산물이면 더욱 좋고요. '제철 제고장 농산물'을 먹으면 농부와 친해지고 좋은 농산물과 더욱 가까워집니다.

고기를 어느 정도 먹어야 적당할까요?

사람은 육식 동물과 다른 소화기관을 가져 장의 길이가 깁니다. 채소와 같은 섬유소를 소화시키는 데 적합하지요. 따라서 지나친 고기 소비는 건강을 해칩니다.

그렇다면 고기를 어느 정도 먹어야 적당할까요? 사람에 따라 다를 테니 단정 지어 말하기는 어렵지만 송곳니와 어금니 수를 비교해서 생각해 볼까요? 사람은 4개의 송곳니가 있고 20개의 어금니가 있습니다. 흔히 사랑니라고 하는 마지막 어금니는 음식을 씹는 일을 하지 않으니 이것을 빼면 고기를 뜯는 송곳니와 곡식이나 채소를 가는 어금니는 1대 4의 비율입니다. 그러니 고기는 20퍼센트, 곡식이나 채소 그

리고 과일을 80퍼센트 먹으면 어떨까요?

부드러운 고기를 찾는 사람들이 늘어나면서 열 명이 먹을 곡물을 동물이 사료로 먹고, 그 고기를 한 사람이 먹게 되었습니다. 그러면서 식량은 골고루 나눠지지 않게 되었고요. 돈이 없는 나라의 가난한 사람들은 굶주리게 되고, 돈이 많은 나라 사람들은 고기를 지나치게 많이 먹게 되었습니다. 한쪽에서는 곡물이 부족해 굶주리는데, 다른 한쪽에서는 너무 많은 고기를 먹어 병에 걸리는 게 옳은 일일까요?

어느 날 갑자기 고기 먹는 걸 확 줄일 수는 없겠지요. 그래도 고기를 조금씩 덜 먹으려고 노력하고, 고기반찬 해 달라고 투정 부리지 않는 건 할 수 있겠지요?

가난한 나라의 어린이를 도와요

커피나 카카오 농장의 어린이들이 하루 12시간 넘게 일하고도 제대로 먹지도 못하고 임금도 조금밖에 못 받는다는 이야기를 들어 봤을 거예요. 최근에는 세계적인 식품 기업 네슬레가 아프리카 코코아 농장에서 벌어지는 어린이 노동자의 인권 침해 문제로 재판을 받게 됐대요. 네슬레가 값싼 코코아 원료를 확보하기 위해 농장에서 벌어지는 인권 침해 문제를 알면서도 농장에 지원을 해 인권 침해를 부추겼다는군요. 코트디부아르와 가나의 코코아 농장에서는 212만 명의 어린이가 노동을 하고 있는데, 하루에 고작 500원을 받는대요.

공정 무역은 가난한 나라의 생산자들에게 공정한 값을 지불하자는 취지에서 생겨난 제도예요. 생산자와 소비자가 서로 이익을 보장하고 존중하는 것을 바탕으로 하는 무역 거래 방식이지요. 우리나라에 들어오는 커피, 초콜릿, 설탕, 바나나 들을 생산하는 아프리카, 중남미 사람들은 제대로 돈을 받지 못해요. 어른들이 4천 원 주고 커피 한 잔을 마실 때 커피 농장의 생산자들에게는 단돈 20원이 돌아간 대요. 당연히 몹시 빈곤한 상태에 놓여 있고, 상당수는 어린이 노동자래요. 우리가 공정 무역 마크(Fair trade)가 있는 제품을 구입하면 어린이 노동자를 도울 수 있어요.

TV에서 유니세프 광고를 본 적이 있을 거예요. 가난한 나라의 어린이들을 돕기 위해 유니세프, 월드비전, 세이브더칠드런과 같은 단체에 매달 후원하는 사람들도 주변에 많을 거예요. 아프리카 신생아를 위해서 모자를 뜨는 사람들도 있고요. 우리 어린이들도 조금씩이라도 용돈을 모아서 도움을 주면 좋겠죠?

굶주리는 사람들을 위해서 전 세계의 많은 사람들이 구호 식량 마련에 힘을 보태고 있어요. 그런데 구호 식량이 필요한 가난한 나라에서는 전쟁 중인 경우가 많아요. 그래서 군인들이 구호 식량을 약탈하는 일이 많지요. 구호 식량을 배고픈 아이들에게 제때 줄 수 있으려면 무엇보다 전쟁이 없어야겠지요? 어떻게 하면 가난한 나라의 전쟁을 크게 줄이거나 없앨 수 있을까요?

국민 모두 교육을 충분히 받는 지역에서는 전쟁이 거의 일어나지

않아요. 우리가 구호 식량을 공급하는 것도 중요하지만, 가난한 나라의 어린이들이 제대로 교육을 받을 수 있도록 도와야 합니다. 그래야 다툼이 생기면 그 다툼을 현명하게 해결할 수 있는 능력을 키울 수 있어요. 남의 상처와 아픔을 이해할 수 있다면 해결을 위해 머리를 맞대고 손을 잡을 수 있고요. 이제는 불평등한 분배에서 벗어나, 더불어 평등한 세상을 위해서 한 걸음씩 나아가기로 해요.

 꼬마 시민 카페

농약, 화학 비료는 얼마나 나쁠까요?

지나친 농약 사용은 환경을 파괴합니다. 땅은 점점 황폐해지고, 강으로 흘러 들어간 농약은 물을 오염시켜요. 그 물을 먹은 물고기들은 떼죽음을 당하고, 죽은 물고기를 먹은 새들도 죽게 되지요. 지나친 농약 사용은 건강을 해칩니다. 농약이 우리 몸속에 들어오면 계속 쌓여 아토피나 암을 유발해요. 농부들은 호흡기를 상해 질병에 걸리고 심하면 생명을 잃게 돼요. 화학 비료는 작물 수확량을 증가시키는 데 큰 도움을 주지만, 환경과 건강에 아주 안 좋은 영향을 끼쳐요. 강이나 지하수로 흘러가면 수질이 악화되고, 오염된 물을 마시면 청색증(산소 운반 능력이 저하되는 질병)까지 발생할 수 있어요. 대기로 유출되면 오존

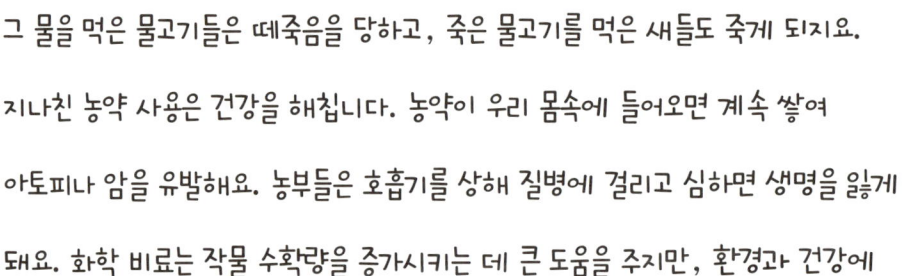

▲ 용도별 농약 사용 비율

농도를 증가시키고, 화학 비료 생산을 위해 막대한 이산화 탄소가 배출되지요. 유기 농산물은 농약과 화학 비료를 전혀 사용하지 않고 키운 농산물이에요. 쿠바는 쌀 생산량의 65퍼센트, 채소 생산량의 50퍼센트를 유기농으로 생산한대요.

▲ 농림축산식품부 농축산물 인증 마크

쿠바에서 키우는 채소 가운데 다수가 도시에서 생산된다고 하고요. 정말 부럽지 않나요? 우리도 이제는 유기 농업으로 가야 해요. 사람들이 유기농 식품을 많이 먹으면 건강에도 좋고 농촌도 발전합니다. 조금 비싸더라도 유기농 식품을 사 먹을까요? 남기지 말고 다 먹으면 더 좋겠지요?

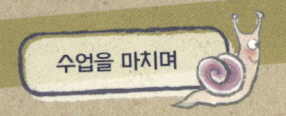
수업을 마치며

내가 먹는 것이 바로 나라고?

예전에 '엽기 토끼'를 그린 만화가 유행한 적이 있습니다. 겁이 많아 잘 숨는 토끼가 본래의 습성과 다르게 커다란 육식 동물에 덤비기도 하는 내용이었는데, 실제로 그런 토끼가 서울 여의도에 나타나 사람들을 깜짝 놀라게 한 적이 있습니다.

2000년대 초의 일입니다. 어떤 사람이 아이 성화로 키우던 토끼를 슬그머니 풀이 보이는 여의도에 풀어 놓았는데, 먹을 게 거의 없는 여의도에서 토끼는 쓰레기통에서 먹다 버린 닭 뼈를 발견해 먹었답니다. 닭 뼈를 먹었으니 초식 동물이 육식을 한 거지요. 그러자 사나워졌다고 합니다. 여의도 공원에서 치킨을 먹는 아이를 공격하기도 했다는군요.

이와 반대의 사례도 있어요. 1950년대 미국의 한 목장에 사는 '리틀 타이크'라는 이름의 사자는 우유 이외의 육식을 거의 하지 않았다고 합니다. 그 사자는 개와 고양이 심지어 양과도 친하게 지냈다고 하네요. 아주 비정상인 사자로 보일 텐데, 채식만 고집하면서 초식 동물처

럼 온순해졌다는 것입니다. 여의도 엽기 토끼와 반대의 예가 되겠지요?

베트남 출신의 틱낫한 스님은 자유롭지 못한 양계장에서 자라 화가 난 닭을 먹으면 그 화가 먹는 사람에게 돌아간다고 이야기합니다. 한참 자라야 할 송아지와 어린 돼지의 고기를 먹어도 마찬가지겠지요? 아직 어린 가축을 거칠게 도살하면 가축은 공포 속에서 죽을 겁니다. 그런 고기를 먹으면 가축의 화와 공포가 몸으로 들어온다는 것입니다. 유전자가 조작된 농산물에도 화가 스며 있지 않을까요?

농약을 사용하지 않은 농작물만 좋은 음식으로 이어지는 건 아닙니다. 농부와 어린이를 착취하지 않은 농작물, 가난한 사람의 농토를 빼앗지 않은 농작물, 가축의 본성을 최대한 배려하며 사육해 얻은 고기와 계란으로 만든 음식이라야 좋다고 볼 수 있겠지요. 생태계를 파괴하지 않은 농작물도 좋겠고 제철 제고장에서 유기 농업으로 생산한 농작물이라면 더욱 좋겠습니다. 내가 먹는 음식이 나를 만든다고 이

야기합니다. 무엇을 어떻게 먹느냐에 따라 내 마음과 몸이 건강할 수 있습니다.

  부모님과 함께 주말농장에 가서 텃밭을 가꿔 보세요. 많지 않아도 나와 가족이 먹을 농산물입니다. 가장 안전하게 재배하고 싶을 겁니다. 내가 키운 농작물을 친한 친구나 다정한 이웃과 나누고 싶어질 겁니다. 그런 농작물을 허용하는 땅과 하늘에 대한 고마운 마음을 가지며 자연을 파괴하지 않아야 한다는 사실을 깨닫게 될 것입니다. 평소에 채소를 잘 먹지 않아도 괜찮아요. 내가 키웠다면 맛있게 먹을 수 있으니까요.

  우리는 슈퍼마켓이나 시장에서 농산물만 사는 건 아니지요. 고기와 달걀도 사지만 과자와 음료수도 사야 합니다. 그럴 때 '내가 먹는 게 바로 나'라는 생각을 잊지 말고 골라 보세요. 환경을 생각하는 소비, 이웃과 생태계의 건강을 생각하는 식품을 선택하는 지혜를 얻을 수 있습니다. 틀림없이 뿌듯한 경험이 될 거예요.

　선물을 받을 때 기쁘지요? 주로 어른들이 선물을 줄 거에요. 여러분이 더 자라면 선후배와 친구, 그리고 애인이 선물을 줄 겁니다. 왜 선물을 주고 싶어 할까요? 사실 선물은 받을 때보다 줄 때 더욱 기쁘기 때문입니다. 선물을 받은 사람은 누가 이 선물을 주었는지 잊을 때가 많지만 선물을 준 사람은 그렇지 않습니다. 기억합니다. 여러분도 마찬가지일 겁니다. 부모님이나 선생님에게 작은 선물을 드릴 때가 있지요? 그 기억은 평생 이어질 겁니다.

　좋은 음식을 먹는 것은 나 자신에게 선물을 하는 것입니다. 땅과 하늘에게 감사하며 농부와 음식을 만들어 준 사람에게 선물하는 것이지요. 내가 먹는 음식에 포함된 곡식과 고기를 제공해 준 자연에게 선물하는 것이고요. 잊지 마세요. 올바른 과정을 거친 순리에 맞는 음식이 좋은 음식이라는 것을요.

세계 시민 수업 ❸ 식량 불평등
남아도는 식량, 굶주리는 사람들

초판 1쇄 발행 2016년 11월 24일 | 초판 7쇄 발행 2023년 7월 26일
글쓴이 박병상 | 그린이 권문희
펴낸이 홍석 | 이사 홍성우
편집부장 이정은 | 편집 조유진 | 기획·외주 편집 이해선 | 디자인 권영은 | 외주 디자인 권승희
마케팅 이송희 | 관리 최우리·김정선·정원경·홍보람·조영행·김지혜
펴낸곳 도서출판 풀빛 | 등록 1979년 3월 6일 제2021-000055호
주소 서울특별시 강서구 양천로 583 우림블루나인 A동 21층 2110호
전화 02-363-5995(영업) 02-362-8900(편집) | 팩스 070-4275-0445
전자우편 kids@pulbit.co.kr | 홈페이지 www.pulbit.co.kr
블로그 blog.naver.com/pulbitbooks | 인스타그램 instagram.com/pulbitkids

ⓒ 박병상, 권문희 2016
ISBN 978-89-7474-117-4 74300
ISBN 978-89-7474-114-3 (세트)

사진 저작권 11쪽 ⓒ akturer / Shutterstock.com 26쪽 ⓒ a katz / Shutterstock.com 83쪽 ⓒ Travel Stock / Shutterstock.com

이 도서의 국립중앙도서관 출판시도서목록(CIP)은 서지정보유통지원시스템 홈페이지(http://seoji.nl.go.kr)와
국가자료공동목록시스템(http://www.nl.go.kr/kolisnet)에서 이용하실 수 있습니다.
(CIP제어번호: 2016023121)

*책값은 뒤표지에 표시되어 있습니다.
*파본이나 잘못된 책은 구입하신 곳에서 바꿔드립니다.

볼로냐 라가치 상 논픽션 대상 수상작
내일을 위한 책 시리즈

볼로냐 라가치 상 대상 수상

> **올바른 사회를 만들어 가기 위해
> 내일의 주인공인 어린이들이 꼭 읽어야 할 책!**
>
> 독재, 사회 계급, 민주주의, 여자와 남자(양성평등) 등 사회적, 정치적 주요 주제들에 대해 어린이들이 열려 있도록 도와주고 그들이 만들 '내일'이 어떤 것이어야 하는지를 진지하게 생각해 보게 해 줍니다.

1권 독재란 이런 거예요

독재와 독재자가 무엇인지 그리고 독재 정부는 어떤 것인지 아이들의 눈높이에 맞춰 쉽게, 그러면서도 분명하게 설명합니다. 이름뿐인 민주주의를 구분하는 눈도 갖게 해 줍니다.

플란텔 팀 글 | 미켈 카살 그림 | 김정하 옮김 | 배성호 추천 | 48쪽 | 12,000원

2권 사회 계급이 뭐예요?

모든 사람은 평등하게 태어나지만, 힘이나 권력, 돈 등은 사람들을 불평등하게 만듭니다. 사회 계급이 왜 생겼는지, 각 계급의 특징은 무엇인지 그리고 각 계급 간의 관계는 어떠한지에 대해 설명합니다.

플란텔 팀 글 | 호안 네그레스콜로르 그림 | 김정하 옮김 | 배성호 추천 | 48쪽 | 12,000원

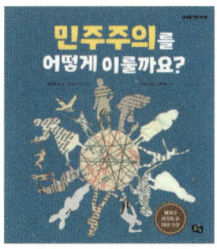

3권 민주주의를 어떻게 이룰까요?

우리가 이루고자 끊임없이 노력해야 하는 것, 민주주의에 대해 이야기합니다. 아이들에게 어려운 개념일 수 있는 민주주의를 아이들에게 익숙한 '놀이'에 비유하며 쉽게 접근할 수 있게 합니다.

플란텔 팀 글 | 마르타 피나 그림 | 김정하 옮김 | 배성호 추천 | 48쪽 | 12,000원

4권 여자와 남자는 같아요

우리 사회에 아직도 존재하는 남녀 차별과 우리가 이루어야 할 양성평등에 대한 이야기입니다. 여자와 남자는 거의 모든 면에서 똑같은 존재이며, 동등한 권리를 가졌다는 것을 알려 줍니다.

플란텔 팀 글 | 루시 구티에레스 그림 | 김정하 옮김 | 배성호 추천 | 48쪽 | 12,000원